CÓMO FUNCIONAN
LAS CONSTRUCCIONES

NIKOLA KUCHARSKA

Textos de Joanna Kończak, Katarzyna Piętka
Traducción del polaco: Joanna Ostrowska

Las construcciones son edificios, puentes, monumentos, torres, etc. El abuelo dice que los expertos diferencian entre edificios y construcciones. Es muy enrevesado...

Me llamo Ignacio y soy el abuelo de Clara y de Carlitos. Últimamente Clara se ha interesado por la arquitectura y no para de hacerme preguntas sobre edificios. Como trabajé en la construcción de varias cabañas, casas e incluso de una tienda, intento explicárselo todo. Cuando no estoy contestando a las preguntas de mis nietos, salgo a pasear, trabajo en el huerto y devoro las magdalenas de chocolate que hace mi mujer.

¡Mi (por ahora) primera maqueta de verdad! Es un castillo: el abuelo y yo tardamos todo un mes en hacerlo.

Soy Carlitos. Yo también construyo yo con los bloqeques. ¡Hago mejores construcciones que Clara!

¡No es verdad!

Mi plancha superprofesional para cortar las piezas de las maquetas.

Tijeras, limas, pinturas, pegamento, pinceles y otras cosas necesarias para hacer una maqueta.

Un edificio que Carlos ha hecho con los bloques. Antes yo también jugaba a los bloques, pero ahora hago maquetas, porque los bloques son para niños, como Carlos...

Me llamo Clara. De mayor quiero ser arquitecta. O, a lo mejor, decoradora de interiores... Últimamente me fijo mucho en diferentes edificios, los dibujo, ¡incluso hago maquetas! Me gustaría saber cómo funcionan las construcciones y de qué se hacen. Qué guay que el abuelo sepa de todo y pueda explicarme las cosas.

Editorial el Pirata

¿CÓMO SE CONSTRUYE UNA CASA?

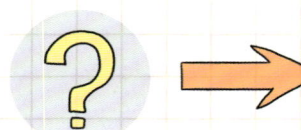

Primero hay que averiguar cuáles son las CONDICIONES URBANÍSTICAS del terreno, para saber si se puede edificar.

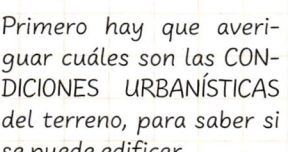

También hace falta obtener una LICENCIA DE OBRA y calcular un PRESUPUESTO para saber cuánto dinero se puede gastar.

Después, el arquitecto prepara el DISEÑO.

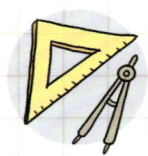

A continuación, la empresa constructora empieza la CONSTRUCCIÓN según el diseño del arquitecto.

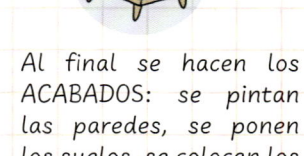

Al final se hacen los ACABADOS: se pintan las paredes, se ponen los suelos, se colocan los muebles.

1. EL DISEÑO

El arquitecto dibuja unos planos detallados que saben leer los expertos, otros arquitectos y los constructores.

La arquitectura es una profesión de mucha responsabilidad. ¡Una casa no debe desplomarse como un castillo de naipes!

En el diseño se marcan, por ejemplo, la anchura y la altura de las puertas. Se hace así:

esta cifra es la anchura

esta cifra es la altura

esta cifra indica cómo de ancho tiene que ser el hueco en el muro

ESTE ES EL DISEÑO ARQUITECTÓNICO DE LA PLANTA BAJA DE NUESTRA CASA:

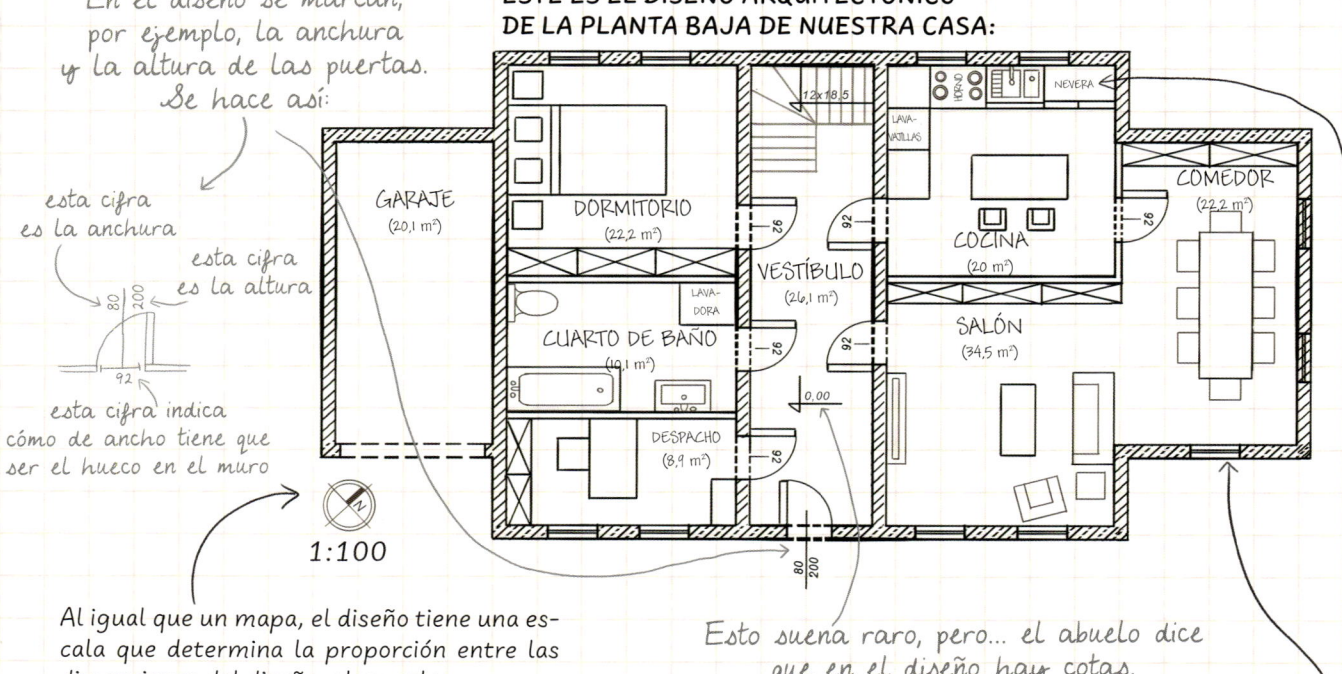

GARAJE (20,1 m²)
DORMITORIO (22,2 m²)
VESTÍBULO (26,1 m²)
COCINA (20 m²)
COMEDOR (22,2 m²)
CUARTO DE BAÑO (19,1 m²)
SALÓN (34,5 m²)
DESPACHO (8,9 m²)

1:100

Al igual que un mapa, el diseño tiene una escala que determina la proporción entre las dimensiones del diseño y las reales.
Al lado se indica dónde está el norte para que sepamos por dónde entrará la luz del sol.

Esto suena raro, pero... el abuelo dice que en el diseño hay cotas.

La cota indica la altura del suelo.

En Japón, donde hay muchos terremotos, los edificios se diseñan para que no se derrumben. ¡Guau!

Además, el arquitecto tiene que señalar el recorrido de distintas instalaciones —de electricidad, agua, saneamiento, calefacción— y de todos los cables; por ejemplo, los de internet. Cada instalación requiere un diseño separado realizado por un especialista, como el fontanero o el electricista.

El arquitecto planifica también el número y la distribución de ventanas, puertas y escaleras.

1:100 significa que 1 cm en el diseño corresponde a 100 cm en la realidad.

Y ASÍ SE VEN LOS MISMOS ESPACIOS EN LA REALIDAD:

El arquitecto planifica la distribución y el tamaño de los espacios según las indicaciones del futuro dueño de la casa.

Por ejemplo, papá quería tener un GRAN despacho en la planta baja.

Para evitar accidentes, ¡no debe alterarse ningún elemento estructural!

MUROS DIVISORIOS

Dividen los espacios. Se pueden quitar o mover.

Mis padres añadieron una pared porque querían tener un salón cerrado. En cambio, quitaron el muro divisorio entre la cocina y el comedor para «abrir el espacio».

MUROS DE CARGA

Son las paredes más importantes de la casa. Tienen que sostener el tejado, los techos y las plantas superiores. No se pueden tocar porque tienen una función estructural importante.

2. EN LA OBRA

No todas las obras son iguales. La construcción de una pequeña casa familiar no requiere tanto equipo como la de un bloque de pisos.

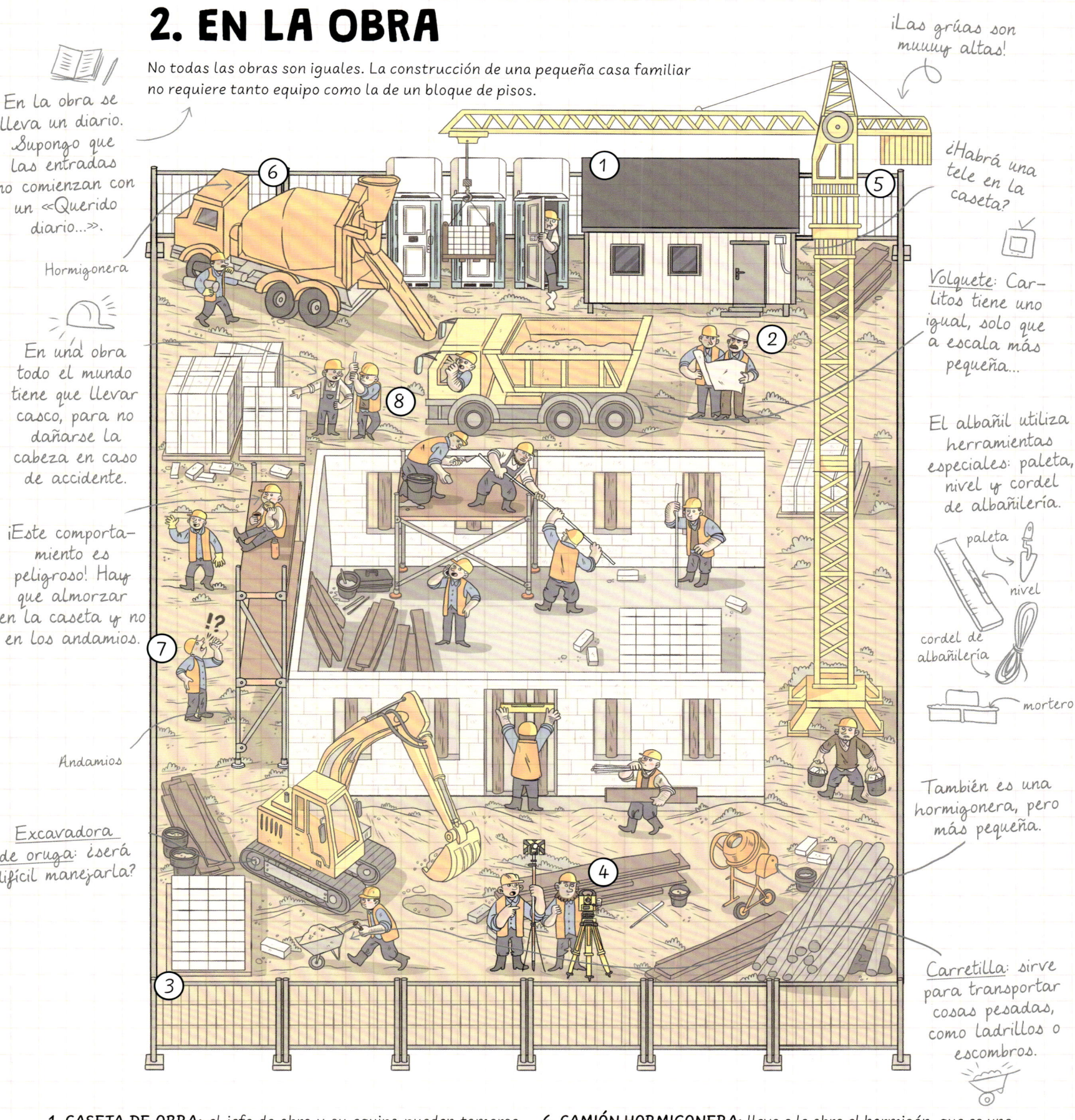

En la obra se lleva un diario. Supongo que las entradas no comienzan con un «Querido diario...».

Hormigonera

En una obra todo el mundo tiene que llevar casco, para no dañarse la cabeza en caso de accidente.

¡Este comportamiento es peligroso! Hay que almorzar en la caseta y no en los andamios.

Andamios

Excavadora de oruga: ¿será difícil manejarla?

¡Las grúas son muuuy altas!

¿Habrá una tele en la caseta?

Volquete: Carlitos tiene uno igual, solo que a escala más pequeña...

El albañil utiliza herramientas especiales: paleta, nivel y cordel de albañilería.

paleta

nivel

cordel de albañilería

mortero

También es una hormigonera, pero más pequeña.

Carretilla: sirve para transportar cosas pesadas, como ladrillos o escombros.

1. CASETA DE OBRA: el jefe de obra y su equipo pueden tomarse aquí un café o un bocadillo y comentar los asuntos pendientes.

2. JEFE DE OBRA: vigila a todos los empleados que trabajan en la obra.

3. VALLADO: el terreno tiene que estar vallado para que no entren personas ajenas a la obra.

4. TOPÓGRAFO: hace mediciones del terreno antes de que empiecen las excavaciones.

5. GRÚA TORRE: no llega a la obra así de alta, hay que montarla allí. Es como jugar a los bloques.

6. CAMIÓN HORMIGONERA: lleva a la obra el hormigón, que es una mezcla de cemento, arena y otros componentes. El tambor del camión tiene que rotar continuamente para que la mezcla no se fragüe. Después de verterla, hay que esperar a que se endurezca.

7. NORMAS DE SEGURIDAD: hay que observarlas porque en la obra hay mucha maquinaria pesada, como grúas y excavadoras, y se trabaja encima de altos andamios.

8. TÉCNICOS: la construcción de un edificio es una cosa muy seria, por eso tienen que supervisarla diferentes técnicos, que confirman si todo está en orden.

3. LA CONSTRUCCIÓN

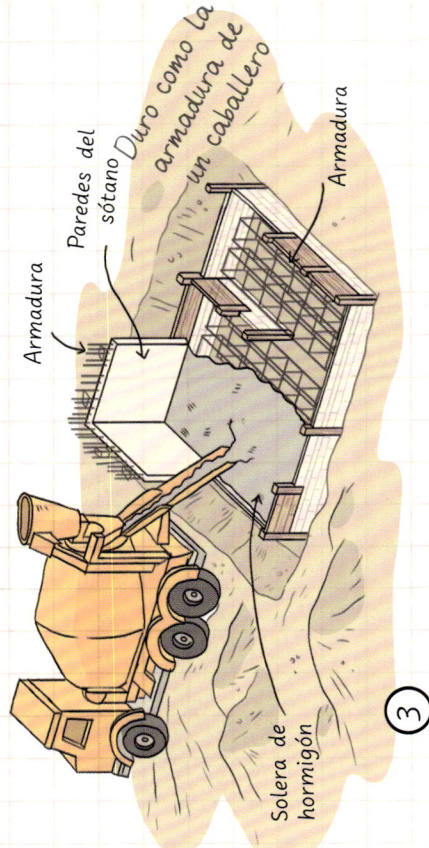

Armadura

Paredes del sótano

Duro como la armadura de un caballero

Armadura

Solera de hormigón

Vale, ya entiendo qué significa «cimentar algo». Para mí, el almuerzo se cimenta en los postres. Mmm...

① Cada casa debe tener CIMIENTOS, es decir, una base en el terreno que se apoya. Primero el topógrafo estudia el terreno y después se realiza la excavación. El jefe de obra lee el diseño y hace unas marcas para que todo se construya donde debería.

Encofrado

Vigas de cimentación

Conexiones de tuberías y cables

② Se colocan VIGAS DE CIMENTACIÓN para reforzar la excavación y se monta ENCOFRADO de madera para darle forma.

③ Para proteger el fondo de la excavación, se vierte un poco de hormigón y encima se monta la ARMADURA, es decir, una malla de barras de acero que después se cubre con el hormigón. El hormigón hay que cuidarlo: regar con agua y alisar, para que los cimientos sean resistentes y no se agrieten.

El abuelo dice que a veces las casas se aíslan con lana de oveja. ¡Guau!

④ Hay que instalar tuberías para llevar agua a los grifos y al váter, y deshacerse de aguas residuales. Los cimientos están protegidos de aguas subterráneas. Antes de empezar a construir, se perfora un pozo para comprobar el nivel de aguas subterráneas. No queremos que la obra se convierta en una gran piscina.

Armadura

Techo del sótano

Hormigón

Encofrado

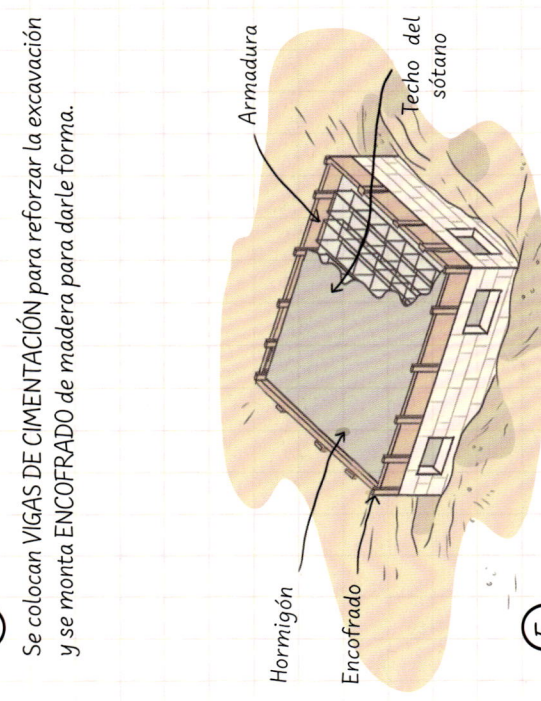

⑤ Cuando las paredes del sótano ya están hechas, se vierte una capa de hormigón para crear el techo del sótano, que a la vez será el suelo del piso de arriba. De la misma manera —usando el encofrado, la armadura y el hormigón— se construyen los siguientes niveles del edificio.

Bloques de hormigón

Poliestireno

Techo del sótano

Tubos corrugados

⑥ Entre el techo del sótano y el suelo de la planta baja se empotran TUBOS CORRUGADOS por los que pasarán diferentes instalaciones. Encima del suelo, el albañil construye las paredes, que pueden ser de ladrillos o de bloques de hormigón. Las paredes pueden tener varias capas. Suele añadirse aislamiento térmico —de poliestireno, lana mineral o celulosa—, que mantiene la casa caliente.

Tejado a dos aguas

Tejado plano

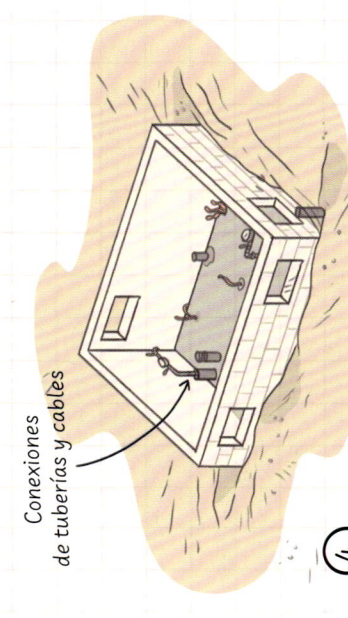

⑦ El tejado también tiene capas para que no gotee y mantenga el calor. El techador lo cubre con tejas, por ejemplo.

Puerta

Escalera

Canalón

Ventanas

⑧ La casa se encuentra en estado de obra gruesa. Ahora se pueden instalar ventanas y puertas. Harán falta también canalones para conducir el agua de lluvia.

Ahora toca la fase de los acabados en el interior

⑨ ¡La casa está construida!

4. LOS ACABADOS

Ahora electricistas, fontaneros y montadores colocan cableado y tuberías, montan enchufes, instalan sistemas de calefacción y conductos de ventilación que permiten «respirar» al edificio.

De las paredes todavía salen cables y tubos.

Los FONTANEROS se ocupan del agua: instalan la bañera, el váter y el fregadero.

Después se revocan las paredes y los techos, es decir, se cubren con una mezcla especial para alisar la superficie.

¡También se montan alféizares!

Al final se pintan o se empapelan las paredes.

Para mi cuarto escogí un papel de dinosaurios, y Carlos quería un papel de extraterrestres. A mi tía no le gusta el papel pintado, por eso las paredes del cuarto de Antoñita están pintadas con pintura.

Cuando todo está listo, se puede poner la iluminación, equipar el baño y la cocina, y amueblar las habitaciones.

Para llevar a nuestra nueva casa los muebles viejos y las cajas con nuestras cosas, mis padres alquilaron un camión de mudanzas.

Para que no se confundan las cajas, las etiquetamos con el nombre de la habitación o de la persona a la que pertenecían las cosas que había dentro.

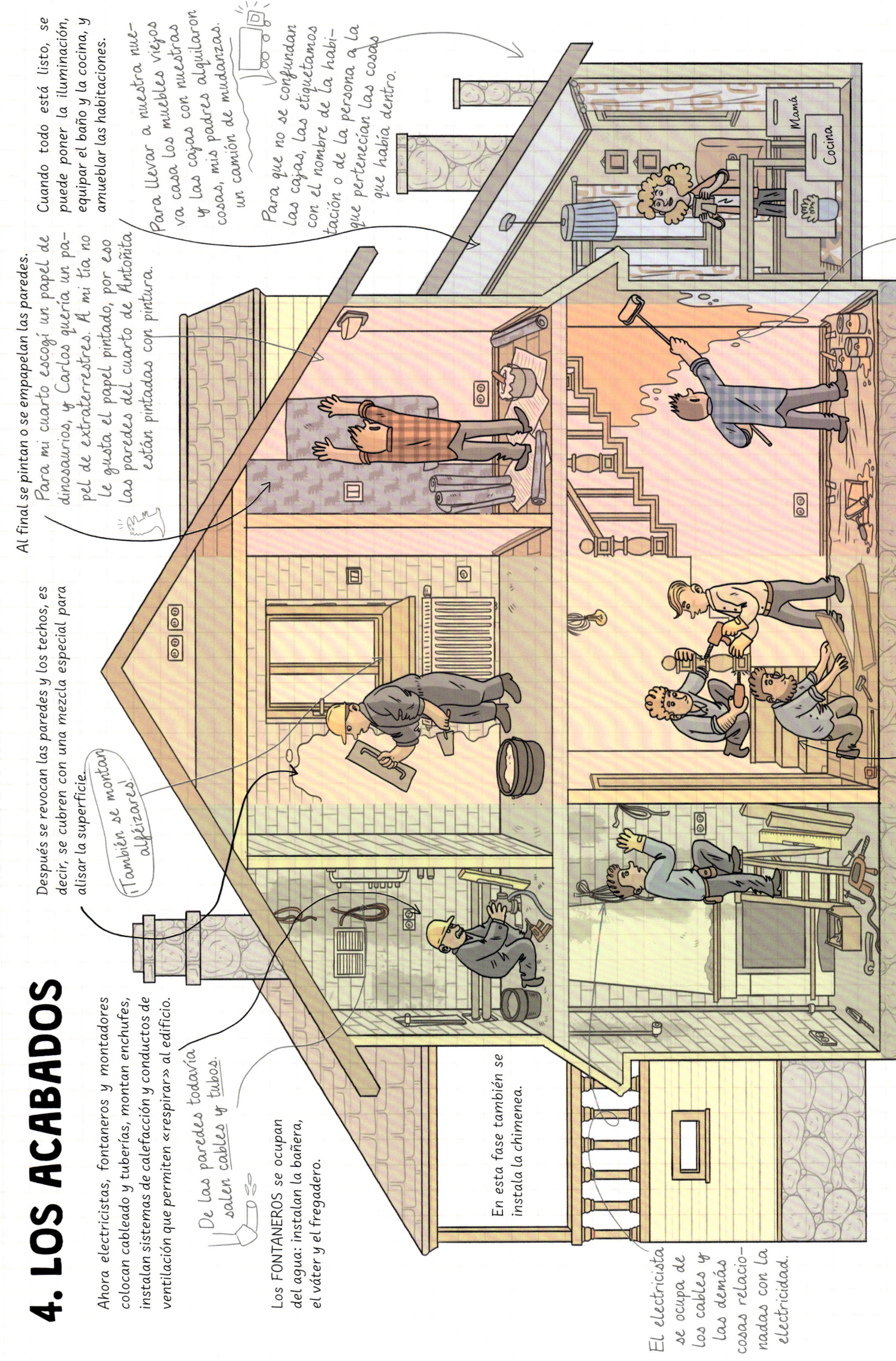

Mamá

Cocina

El electricista se ocupa de los cables y las demás cosas relacionadas con la electricidad.

En esta fase también se instala la chimenea.

FACHADA
Es la parte frontal del edificio. Según el estilo del acabado, hay fachadas de piedra, de madera o de yeso.

FASE 1

Ya se pueden instalar escaleras, nivelar suelos y poner parqué o baldosas.

FASE 2

Nosotros no tenemos parqué, sino suelos de tarima.

FASE 3

Mamá eligió una pintura que se llama Melocotón de Ensueño.

FASE 4

VIVIENDAS TRADICIONALES

En distintas partes del mundo, las casas se construían de formas muy diferentes, en función de los materiales disponibles y las condiciones climáticas. A menudo, no se necesitaba un arquitecto: los conocimientos sobre cómo construirlas se transmitían de generación en generación. Algunas se siguen utilizando como viviendas hasta hoy en día, mientras que otras se han convertido en museos y atracciones turísticas.

YURTA

Es la vivienda tradicional de los nómadas, es decir, de comunidades que se trasladan de un lugar a otro en busca de pastos, llevándose consigo sus rebaños y sus pertenencias. La yurta es una <u>estructura portátil</u> parecida a un cuenco colocado bocabajo. Se compone de un armazón de madera recubierto con capas de lonas y fieltro. El agujero ubicado en la parte superior permite la ventilación. Dentro se encuentra todo lo necesario para vivir: muebles, estufa, camastros… Los interiores pueden ser incluso muy modernos, y no es raro que haya un televisor. Montar una yurta, dependiendo de su tamaño, puede llevar varias horas. Las yurtas se pueden ver no solo en medio de la estepa, sino también en la ciudad. En las afueras de Ulán Bator, la capital de Mongolia, hay barrios de yurtas en los que vive el 40 % de la población de la ciudad.

 Una casa portátil, ¡qué pasada! Si tuviera una así, la llevaría siempre conmigo, como los caracoles. ¡!!

«MANYATTA»

Es la vivienda de los masáis, uno de los pueblos de África. Tradicionalmente, los masáis eran nómadas: de vez en cuando tenían que abandonar sus casas para buscar mejores pastos para sus vacas. Como no necesitaban viviendas permanentes, utilizaban materiales accesibles que siempre tenían a mano.

Para construir una «manyatta», se hace un círculo o un óvalo con palos clavados en la tierra y se rellenan los huecos con ramas más pequeñas, pegadas con una mezcla de agua, barro y excrementos de vaca. El techo se hace con paja. En el centro de la casa hacen un fuego donde se preparan las comidas. La construcción de la cabaña es responsabilidad de las mujeres.

CASA DE TURBA

En una isla aislada como Islandia era difícil conseguir suficiente madera para construir casas. Sin embargo, había mucha turba: un material orgánico de color oscuro, formado por la vegetación putrefacta de los pantanos, con el que se podían modelar ladrillos. Por eso los islandeses inventaron las casas de turba, que además ofrecían un buen aislamiento del frío. Tenían cimientos de piedra, esqueleto de troncos, y paredes y tejado de turba. Sobre el tejado crecía después el césped. El suelo solía estar por debajo del nivel de la tierra, así que las casas parecían estar parcialmente enterradas. Para mantener el máximo calor posible en el interior, a menudo las cabañas estaban conectadas por pasillos, para limitar las salidas al exterior, donde soplaba el viento y hacía un frío glaciar.

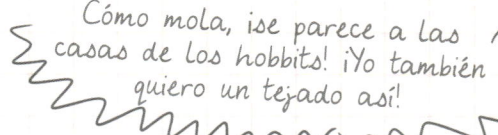 Cómo mola, ¡se parece a las casas de los hobbits! ¡Yo también quiero un tejado así!

IGLÚ

Es una casa de nieve. Tradicionalmente, los inuits de Groenlandia y Canadá usaban los iglús durante el invierno como refugios para los cazadores o para organizar reuniones y ceremonias. En verano vivían en tiendas hechas con pieles y en casas excavadas en el suelo. Actualmente viven en edificios normales y los iglús se han convertido en una atracción turística. Para construir un iglú, hay que cortar de la nieve unos «ladrillos» de unos 120 cm de largo, 60 cm de alto y 20 cm de ancho. Antes lo hacían con un cuchillo especial hecho de hueso. Los bloques de nieve se colocan en espiral sobre una base circular, formando una cúpula. Arriba se deja un agujero para ventilar el interior. Se corta la puerta y se cubre con pieles. Dentro hace <u>una temperatura de 0 °C</u>, que en el clima polar son unas condiciones muy favorables. Después de algún tiempo, la nieve de la que estaba hecho el iglú se congelaba y el refugio se hacía más resistente. Había iglús de diferentes tamaños. Un constructor experimentado tardaba una o dos horas en levantar un iglú destinado a una familia.

Dios, ¿estas son condiciones favorables?

CABAÑA DE LOS TODAS

El pueblo toda es un grupo étnico que vive en las montañas Nilgiri, en el sur de la India. Sus casas tradicionales son muy curiosas: se parecen a un barril cortado por la mitad. Se construyen de bambú, ratán y paja. Son bastante grandes, pero para evitar la entrada de animales salvajes no tienen ventanas, y la puerta es tan pequeña que hay que cruzarla a gatas. Tienen un pequeño porche, cubierto con un tejadillo, donde se puede estar incluso cuando llueve. La fachada suele estar adornada con motivos tradicionales. Aunque en la actualidad muchos todas abandonan el estilo de vida tradicional, sus cabañas siguen existiendo.

PALAFITO

En el delta del Mekong, en Vietnam, la gente vive cerca del agua. En las orillas del río y de sus brazos hay varios puertos y pueblos. El agua es importante para la navegación y el comercio, y alimenta los canales que riegan los campos de arroz. Las casas se construyen encima de estacas que sirven para amarrar los barcos y protegerse de las inundaciones. El nivel de agua cambia debido a las mareas —aunque el océano está lejos— y durante la temporada de lluvias.

TRULLO

Son casas propias del sur de Italia. Se construyeron con blancas piedras calizas que no están pegadas con cemento. Los tejados en forma de cono se parecen a los gorros de los enanitos. Muchas casas tienen en la cima un símbolo, como una cruz, por ejemplo. Hay varias teorías sobre el origen de los trullos. Algunos dicen que se construían sin cemento para que a los trabajadores de temporada no les diera pena abandonar casas «inestables». Según otros, se consideraban obra sin terminar, lo que permitía evadir el pago de impuestos. Sin embargo, los trullos resultaron ser muy resistentes. Dentro hay solo una habitación; para tener más espacio, al lado se construían otros trullos y se abrían puertas en las paredes. Por eso parecen unas casas de cuento.

¡Qué bonita! ¡Cuando sea mayor quiero tener una casa así!

CASAS DEL MUNDO

La casa es un lugar que debería adaptarse a las necesidades de sus habitantes. Hay tantas ideas como cabezas. Arquitectos y diseñadores llevan a cabo los mayores disparates.

Mi abuela Juana vive en un piso así, ¡tiene techos superaltos!

«LOFT»

Aunque la idea de vivir en una fábrica o en un almacén en desuso puede parecer extravagante, los «lofts» están muy de moda. Son pisos espaciosos, con ventanas grandes y techos altos. El interior suele ser industrial, aludiendo al pasado del edificio, con ladrillos, hormigón, tuberías y elementos de acero a la vista. Lo gracioso es que antes eran espacios baratos donde montaban sus talleres los artistas y ahora son viviendas de lujo que pueden permitirse solo los más ricos. Los «lofts» se han vuelto tan populares que ya no solo se transforman antiguas naves industriales en pisos, sino que se construyen nuevos pisos de estilo «loft» directamente.

CASAS ZAPATO Y TETERA

Algunas casas son muy locas. En los años cuarenta, a Mahlon Heines, vendedor de calzado de Pensilvania, se le antojó una casa-zapato. La idea era hacer publicidad de su negocio. Enseñó un zapato al arquitecto y pidió que le diseñara una casa igual. La cocina está en el tacón; el salón, en la zona de los dedos, y los dormitorios, en el tobillo. Mahlon Heines nunca vivió en esta casa; se la alquilaba a los veraneantes y recién casados. En Texas hay una casa tetera hecha de acero que sobrevivió a un huracán. Al principio iba a ser una tienda y después un edificio de viviendas. Sin embargo, nunca se ha utilizado.
Existen edificios de formas increíbles que aluden a su función: por ejemplo, una biblioteca que se parece a una estantería con libros, un bar de comida rápida diseñado como un gran perrito caliente o la sede de una organización de pesca en forma de pez.

¡GUAU! Cuando sea una arquitecta famosa, diseñaré una casa lámpara.

CASAS FLOTANTES

Gran parte de los Países Bajos está cubierta con agua. Estos terrenos también se pueden aprovechar. Ámsterdam —ciudad construida sobre miles de palos de madera— está atravesada por una red de canales que drenan el agua de lluvia y se utilizan para la navegación y el transporte. A lo largo de los canales se encuentran las casas flotantes.
Antes era más barato vivir en un barco, debido al elevado coste de la tierra. Pero cuando las casas flotantes se pusieron de moda y se equiparon con todas las comodidades, subió su precio y se convirtieron en viviendas costosas. Son tan populares que en Ámsterdam empiezan a faltar lugares de amarre. Las casas y los hoteles flotantes son típicos de ciudades situadas al lado de importantes canales, ríos y puertos. Se pueden encontrar también en Londres o París.

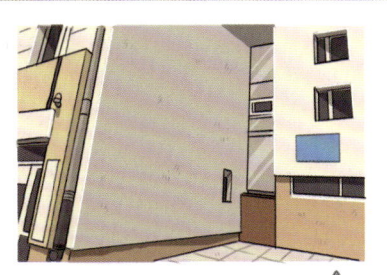

El abuelo dice que, cuando era joven, vivió durante dos años en una casa así, solo que en aquella época se llamaba «caravana» y no «minicasa».

MINICASA

El número de personas crece y en las ciudades empieza a faltar espacio para construir más viviendas. Además, hay quienes tienen que trasladarse de un sitio a otro en busca de trabajo y no les apetece cambiar de casa continuamente. ¿Cuál es la solución? Una minicasa. Las más pequeñas tienen apenas veinte metros cuadrados, pero en esta superficie cabe todo lo necesario, incluidos la cocina y el baño. Algunas minicasas tienen ruedas y se pueden llevar a todas partes. En carros convertidos en casas vivían antes los gitanos, que solían trasladarse mucho.

En Varsovia, la capital de Polonia, se encuentra la casa Keret, construida en el hueco entre dos edificios. Fue diseñada como despacho para el escritor israelí Etgar Keret, que fue su primer inquilino, y después sirvió a otros artistas de todo el mundo. La casa tiene tres niveles. Mide 1,5 m en su punto más ancho y un poco más de 90 cm en su punto más estrecho. Al salón se entra a través de una trampilla en el suelo; hay también una diminuta cocina, un cuarto de baño y un dormitorio al que se sube por una escalera de mano.

CASA DE LA CASCADA

La casa de la cascada fue diseñada por Frank Lloyd Wright (1867-1959), famoso arquitecto estadounidense. Se la encargó un rico empresario que quería tener una casa de campo donde pasar los fines de semana con su familia. El empresario poseía un gran terreno rocoso atravesado por un arroyo que formaba una cascada. Wright aprovechó el entorno e integró el edificio en el paisaje. A otros arquitectos les impresionó cómo había fundido la naturaleza con la creación humana. La casa tiene varios niveles y amplias terrazas que se parecen a los escalones de una cascada. Está hecha de hormigón y materiales naturales como la piedra y la madera, que guardan armonía con el bosque que hay alrededor. Otro edificio orgánico diseñado por Wright es el Museo Guggenheim de Nueva York, que se parece a una concha.

Una vez estuve al lado de una cascada y había muchísimo ruido. ¿A los inquilinos de esta casa no les molesta?

CASA ECOLÓGICA

Actualmente, se habla mucho sobre el ahorro energético y las energías renovables. Dentro de esta tendencia, empezaron a diseñarse casas autosuficientes, que no dependen de alcantarillado público ni de compañías eléctricas, y generan menos residuos. Un ejemplo son las Earthships de Michael Reynolds, un extravagante ecólogo y arquitecto que llegó a la conclusión de que la arquitectura tradicional no cubre las necesidades de la gente y del planeta. Diseñó casas hechas de materiales naturales y reciclados, es decir, de residuos como neumáticos, botellas de plástico o latas. Las Earthships aprovechan el sol y el viento para producir energía, recogen el agua de lluvia, tienen depuradoras naturales y no necesitan sistema de calefacción ni chimenea para calentarse. Los inquilinos cultivan sus propios alimentos.

¡Las cosas autosuficientes molan un montón! Es como mi linterna de dinamo: las pilas se cargan girando una manivela.

BLOQUES DE VIVIENDAS

En los años cincuenta se construyó en Francia la Unidad Habitacional de Marsella, el primer superbloque de más de 330 pisos, donde podían vivir 1600 personas. Para muchos fue un proyecto muy innovador. El objetivo de Le Corbusier (1887-1965), arquitecto francés de origen suizo y autor de la «unidad», era diseñar un edificio barato que se construyera rápido y satisfaciera las necesidades de los habitantes. Su bloque tenía escuela infantil, tiendas, restaurante, gimnasio, piscina, zonas de recreo en la azotea y pasillos amplios que fomentaban los encuentros entre vecinos. Este diseño fue la base de varios conjuntos posteriores de viviendas, aunque no siempre se consiguió materializar las ideas utópicas de Le Corbusier. Sus principios más importantes eran la luz, el espacio y el verde. El apellido de Le Corbusier deberían conocerlo todos los amantes de la arquitectura.

Otros ejemplos de estos superbloques son el Mrówkowiec en Polonia, Park Hill en Inglaterra o el Conjunto Urbano Tlatelolco en Ciudad de México.

Cristóbal siempre canta en la ducha y se lo oye en todos los baños de arriba y de abajo.

La puerta de la azotea siempre está cerrada. A la azotea pueden subir solo personas autorizadas o sea, las que vienen a reparar algo.

Cuando el vecino de arriba hace pasteles, huele bien en todo el edificio.

El ascensor a veces se estropea y hay que subir por la escalera. Cansa. Los bloques son tan altos...

El horario de silencio es de 22.00 a 6.00, pero debería no hacerse ruido no solo en estas horas. No estamos solos y hay que respetar a los vecinos.

Margarita, del quinto, y Juana, del tercero, a menudo se piden prestadas distintas cosas. Los vecinos de los bloques de vivienda suelen ayudarse entre sí.

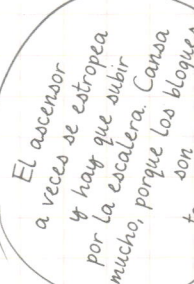

El piso de Victoria.

En Padilla en invierno montan una casita para los pájaros carboneros

Rosa tiene dos gatos y por eso protejió el balcón con una red especial.

Los García están haciendo una reforma porque los vecinos de arriba han tenido una fuga de agua y los han inundado... Llamaron a un fontanero y ahora tienen un equipo de obreros de obreros en casa.

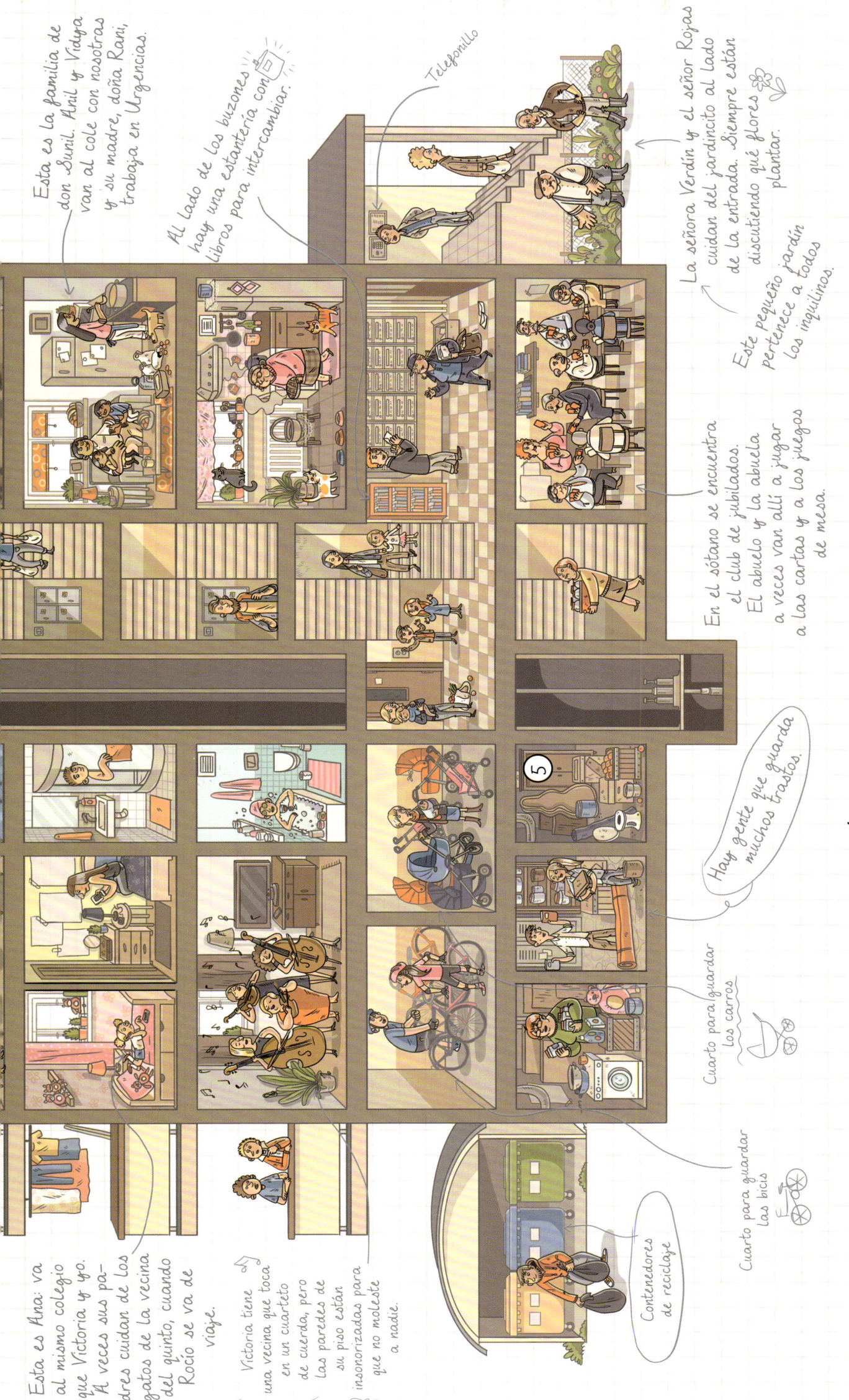

Esta es la familia de don Sunil. Anil y Vidya van al cole con nosotras y su madre, doña Rani, trabaja en Urgencias.

Al lado de los buzones hay una estantería con libros para intercambiar.

Telefonillo

La señora Verdín y el señor Rojas cuidan del jardincito al lado de la entrada. Siempre están discutiendo qué flores plantar.

Este pequeño jardín pertenece a todos los inquilinos.

En el sótano se encuentra el club de jubilados. El abuelo y la abuela a veces van allí a jugar a las cartas y a los juegos de mesa.

Hay gente que guarda muchos trastos.

Cuarto para guardar los carros

Cuarto para guardar las bicis

Contenedores de reciclaje

Esta es Ana: va al mismo colegio que Victoria y yo. A veces sus padres cuidan de los gatos de la vecina del quinto, cuando Rocío se va de viaje.

Victoria tiene una vecina que toca en un cuarteto de cuerda, pero las paredes de su piso están insonorizadas para que no moleste a nadie.

4. CONTADORES: muestran cuánta agua, cuánta luz y cuánto gas hemos gastado. En la caja de los contadores a veces se encuentra también el cuadro eléctrico, es decir, los plomos. Cuando «saltan», se va la luz del piso y hay que arreglarlos. El abuelo dice que es fácil, pero si hay una avería más seria, hace falta llamar a un electricista. A veces se va la luz en todo el edificio o vecindario porque algo se estropea en el sistema eléctrico general.

5. SÓTANO: está dividido en pequeños trasteros. En las paredes y los techos se ven tuberías, y hay también cajas de las que salen diferentes cables; por ejemplo, los de internet.

3. VENTILACIÓN: el bloque y los pisos tienen que «respirar», es decir, es necesario que el aire circule. Lo permite el sistema de ventilación. En las cocinas y los baños se encuentran las rejillas de ventilación, a través de las cuales el aire usado sale al exterior por los conductos de ventilación y las chimeneas. Hay que mantenerlas limpias. Al menos una vez al año el deshollinador comprueba si todo está en orden.

1. PISOS: tienen distribución diferente y cada uno amuebla el suyo como quiere. Al igual que las casas, tienen muros de carga que no se pueden derribar.

2. COLUMNAS MONTANTES: las tuberías que llevan agua y gas no pueden pasar por cualquier sitio; ascienden a cada piso por las llamadas columnas montantes. Por eso en todo el bloque, los baños y las cocinas tienen que estar en un sitio concreto, para que sea más fácil conectar a las tuberías los fregaderos, las lavadoras, los retretes y los radiadores.

PRIMERAS CIUDADES

Las primeras ciudades surgieron hace más de diez mil años, cuando la gente empezó a asentarse para cultivar la tierra y criar animales. Necesitaban casas fijas y resistentes. Se concentraban en grupos para poder intercambiar bienes. Para defenderse mejor, las agrupaciones de casas construidas una al lado de otra se rodeaban con muros. Las primeras ciudades se construyeron en Oriente Próximo, es decir, en los países actuales de Israel, Líbano, Irak y Siria.

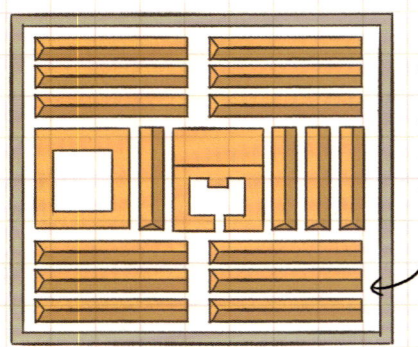

Muchas ciudades eran inicialmente campamentos militares romanos. Este fue el origen de París, Viena y Londres, por ejemplo.

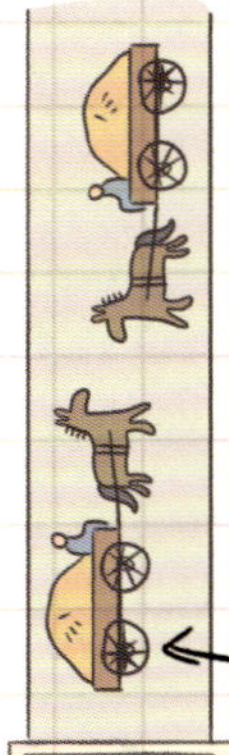

Las ciudades surgían a lo largo de rutas comerciales, en la proximidad de los ríos —que servían como vías de transporte y hacían fértiles las tierras— o de recursos naturales —necesarios para la industria—. También cerca de puertos, sedes administrativas, centros de educación o templos importantes.

Los romanos construían todas sus ciudades según el mismo modelo. Estaban divididas por dos vías principales (CARDO y DECUMANUS), y las demás calles se alineaban paralelas a estos ejes.

Anfiteatro

Termas (es decir, casas de baños)

El abuelo dice que la casa de baños era un gran baño para todo el mundo. ¿Había baños separados para chicas y chicos?

En el punto donde se cruzaban el CARDO y el DECUMANUS había una plaza llamada FORO, rodeada por los edificios más importantes de la ciudad.

En la antigua Grecia, esta plaza se llamaba «ágora», y ahora la llamamos «plaza mayor».

Circo

En el circo romano no había payasos, sino carreras de cuadrigas. Los payasos me dan mucho miedo, pero las carreras molan, así que a un circo romano sí que podría ir.

Templo

Arco de triunfo

Decumanus

Decumanus

Cardo

Basílica

Para nosotros, la basílica es una gran iglesia, pero los romanos la usaban como un mercado y organizaban allí los juicios.

Era importante llevar agua a la ciudad. Para ello se construían acueductos, que eran una especie de cañerías antiguas.

El ladrillo se inventó en la Antigüedad, así que los edificios romanos se construían con ladrillos. Originalmente no se cocían, sino que se dejaban secar al sol.

El teatro tiene la forma de medio anfiteatro. En el teatro se representaban las obras y en el anfiteatro luchaban los gladiadores.

TIPOS DE CIUDADES

Las ciudades tenían diferentes diseños. A veces su planeamiento dependía de las condiciones naturales, y a veces se utilizaba un trazado geométrico, dándoles forma circular o dividiéndolas en manzanas rectangulares.

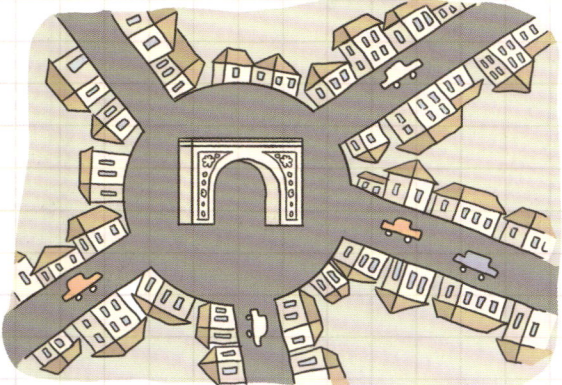

París tiene un diseño radial: de las plazas salen grandes avenidas atravesadas por una red de calles pequeñas.

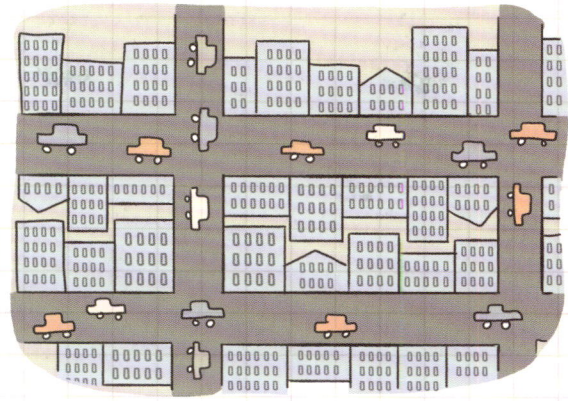

Nueva York se parece a un papel cuadriculado o un tablero de ajedrez. Un trazado así facilita la orientación y la edificación.

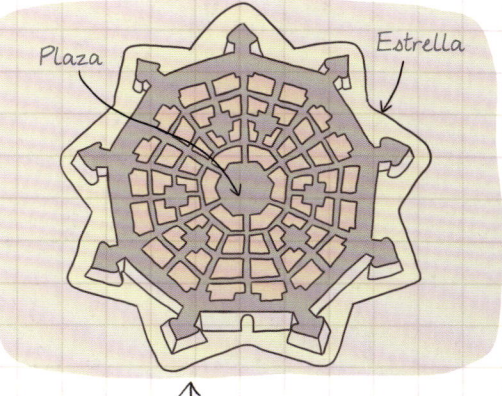

CIUDAD IDEAL

Siempre se ha soñado con crear una ciudad ideal, bonita y funcional. Por ejemplo, una ciudad circular rodeada por una muralla fortificada en forma de estrella, con una plaza central de la que salen calles radiales. La ciudad italiana de Palmanova tiene un trazado así.

CIUDADES FORTALEZAS →

A menudo, las ciudades se construían sobre colinas para protegerse de enemigos y bandidos. Algunas se convertían en ciudades fortalezas.

← CIUDADES DESDE CERO

El abuelo dice que a veces las ciudades se construían desde cero, en lugares que nunca habían sido urbanizados ni habitados. Gracias a ello todo se podía planificar bien. Desde cero se construyeron, por ejemplo, Camberra, la capital de Australia, o Brasilia, la capital de Brasil.

CIUDAD JARDÍN ↗

Para el abuelo, la ciudad ideal es una ciudad jardín, donde no hay fábricas ni rascacielos, las casas son pequeñas y bonitas, todo es muy verde y hay muchas rutas para pasear. Algunas ciudades españolas tienen barrios así; por ejemplo, Bilbao o Málaga.

CIUDAD-ESTADO →

En la Grecia antigua había polis, es decir, ciudades que al mismo tiempo eran Estados. Venecia también fue una ciudad-Estado entre los siglos IX y XVIII. Actualmente también hay algunas ciudades-Estado; por ejemplo, Singapur, situada en una isla.

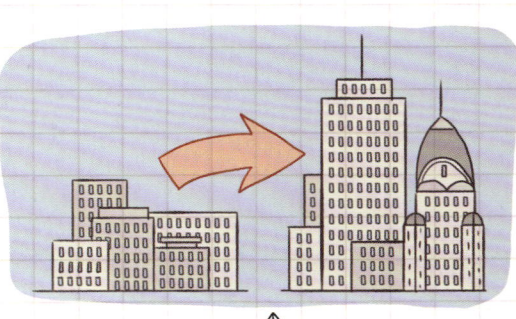

CIUDAD SATÉLITE ↖

A veces, las ciudades cercanas colaboran entre sí. Al lado de una ciudad autosuficiente, donde hay puestos de trabajo, centros de salud y servicios de diferente tipo, se encuentra una ciudad satélite donde faltan todas estas cosas, así que sus habitantes tienen que desplazarse a la ciudad central.

Guay, porque pensaba que para visitar una ciudad satélite tendría que viajar al espacio.

El abuelo dice que cuando en Singapur empezó a faltar espacio para nuevos rascacielos, aumentaron el tamaño de la isla rellenando el mar. ¿De dónde sacaron tanta arena? Y en los Países Bajos para crecer bombearon el agua del mar y construyeron un dique. Así surgió la provincia de Flevoland. Lo que se le ocurre a la gente...

MAPA DE NUESTRA CIUDAD

En la ciudad, además de edificios para vivir, estudiar o trabajar, hay sitios destinados al ocio y a los servicios de emergencia, que velan por nuestra salud y seguridad. También deben proveerse medios de desplazamiento, de almacenaje, de recogida de la basura, de alumbrado... La ciudad cambia con el tiempo. Crece el número de edificios y de habitantes. A veces, la ciudad absorbe pueblos cercanos o gana barrios nuevos construidos en terrenos hasta entonces no urbanizados.

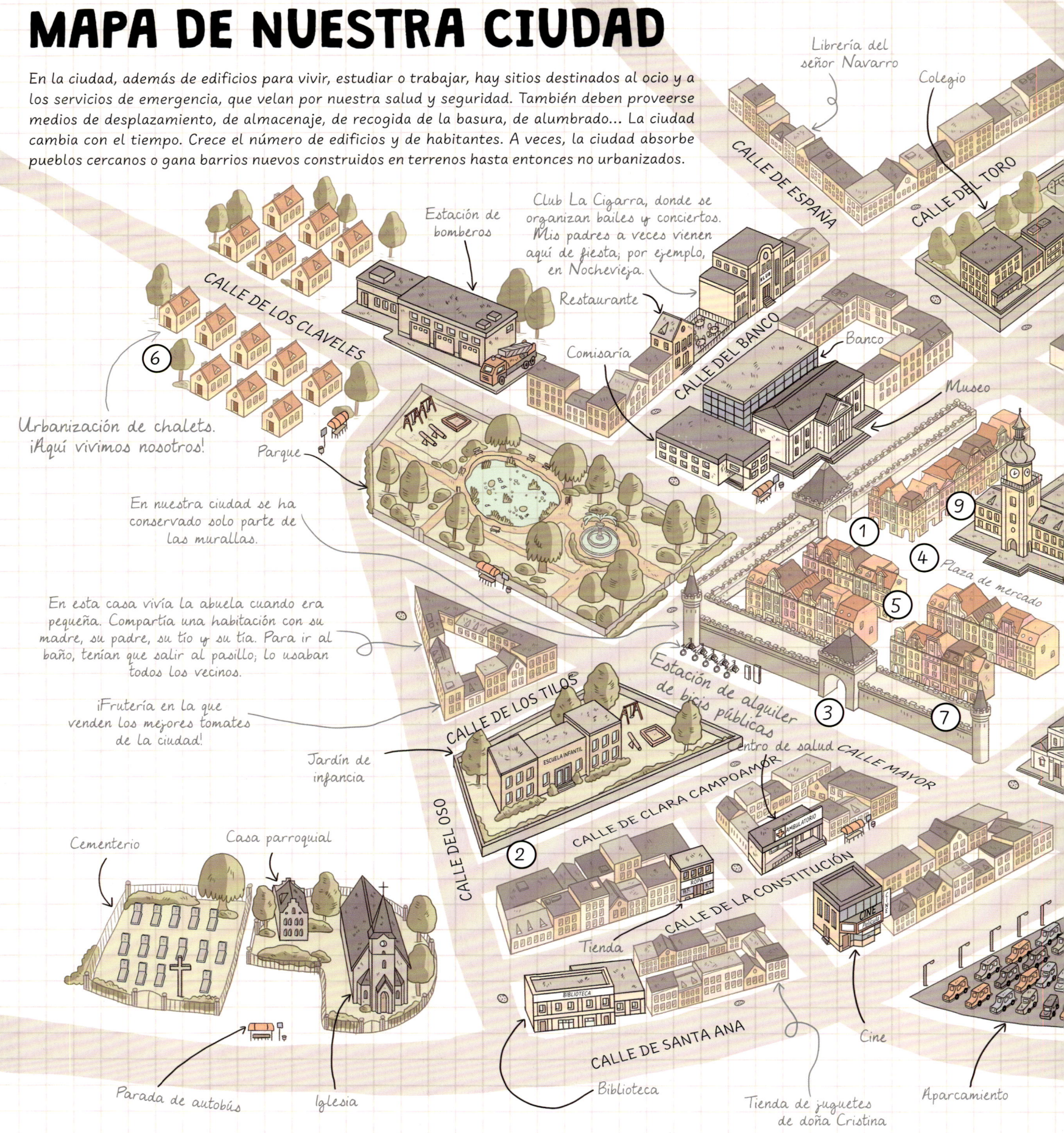

Librería del señor Navarro

Colegio

CALLE DE ESPAÑA

CALLE DEL TORO

Estación de bomberos

Club La Cigarra, donde se organizan bailes y conciertos. Mis padres a veces vienen aquí de fiesta; por ejemplo, en Nochevieja.

Restaurante

CALLE DE LOS CLAVELES

Comisaría

CALLE DEL BANCO

Banco

Museo

Urbanización de chalets. ¡Aquí vivimos nosotros!

Parque

En nuestra ciudad se ha conservado solo parte de las murallas.

En esta casa vivía la abuela cuando era pequeña. Compartía una habitación con su madre, su padre, su tío y su tía. Para ir al baño, tenían que salir al pasillo; lo usaban todos los vecinos.

¡Frutería en la que venden los mejores tomates de la ciudad!

Jardín de infancia

Estación de alquiler de bicis públicas

Plaza de mercado

CALLE DE LOS TILOS

Centro de salud

CALLE MAYOR

CALLE DEL OSO

CALLE DE CLARA CAMPOAMOR

Cementerio

Casa parroquial

Tienda

CALLE DE LA CONSTITUCIÓN

Parada de autobús

Iglesia

Biblioteca

CALLE DE SANTA ANA

Cine

Tienda de juguetes de doña Cristina

Aparcamiento

---

1. CENTRO HISTÓRICO (CASCO ANTIGUO): la parte más vieja de la ciudad, donde se han conservado los edificios históricos.
                    Es como una ciudad dentro de la ciudad.

2. CALLES: tienen nombres y números que se pueden buscar en el mapa. Los nombres de las calles a menudo hacen referencia a su forma (calle Corta), a los antiguos gremios (calle de los Herreros), a un edificio importante que está cerca (calle del Hospital) o a los santos (calle de Santa Ana). Conmemoran también importantes acontecimientos históricos (calle del 2 de Mayo) y a personajes relevantes (calle de Clara Campoamor). Incluso hay calles con nombres de personajes ficticios (calle de Blancanieves).

3. PUERTA DE LA CIUDAD: permitía controlar la entrada de personas y vehículos. Se podía cerrar con puertas de madera o con una reja.

4. PLAZA DE MERCADO: aquí los comerciantes vendían sus productos. Las plazas de mercado a menudo tienen soportales, que protegían las mercancías de la lluvia y el sol.

5. EDIFICIOS HISTÓRICOS: las casas del casco antiguo suelen estar adosadas, es decir, las paredes laterales no tienen ventanas y están pegadas unas a otras. Los edificios son estrechos, pero bastante altos y profundos. Abajo solían tener talleres y almacenes. Ahora tienen restaurantes y tiendas de recuerdos...

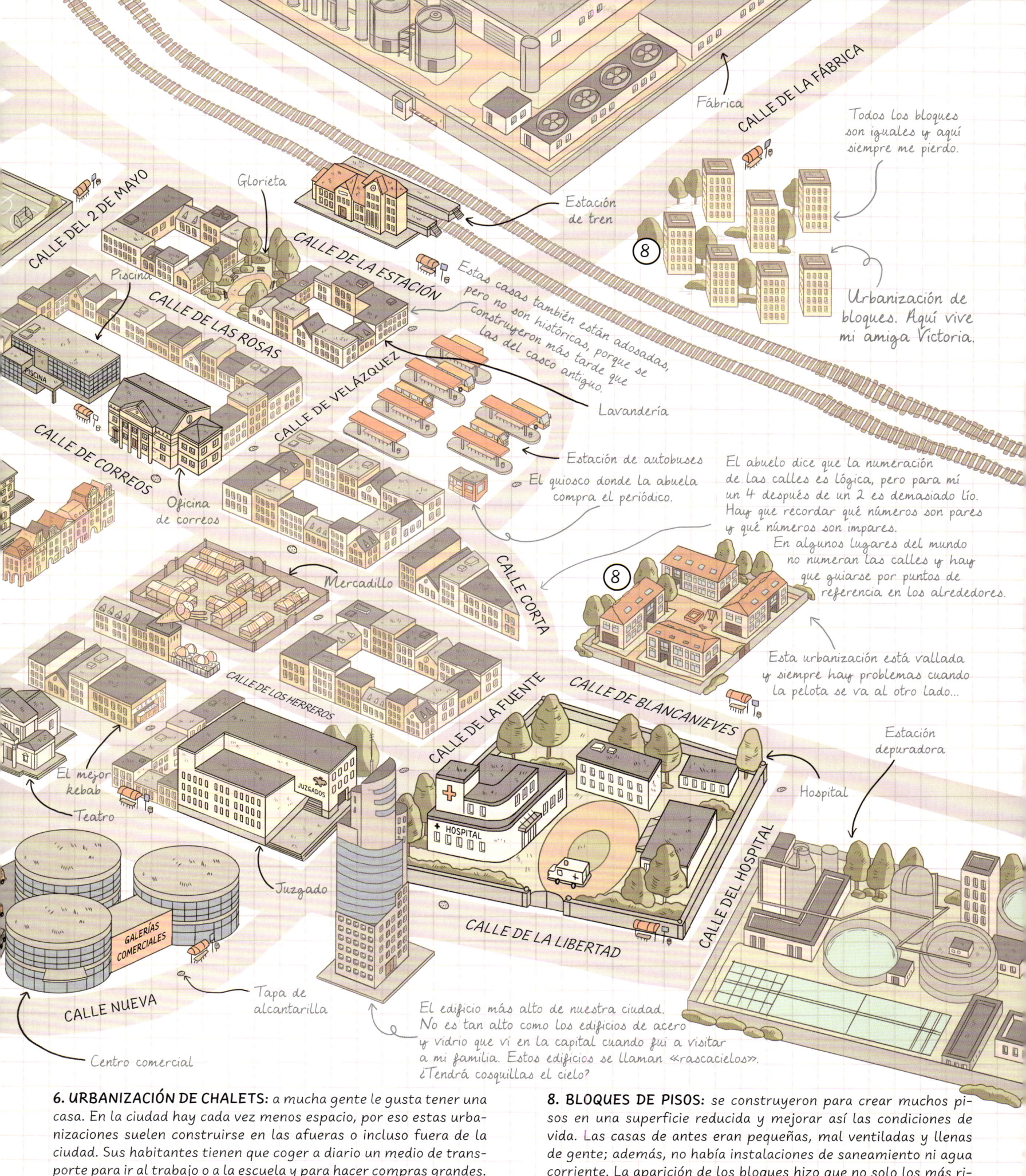

Fábrica

CALLE DE LA FÁBRICA

Todos los bloques son iguales y aquí siempre me pierdo.

Estación de tren

⑧ Urbanización de bloques. Aquí vive mi amiga Victoria.

Glorieta

CALLE DEL 2 DE MAYO

CALLE DE LA ESTACIÓN

Estas casas también están adosadas, pero no son históricas, porque se construyeron más tarde que las del casco antiguo.

Piscina

CALLE DE LAS ROSAS

PISCINA

CALLE DE VELÁZQUEZ

Lavandería

Estación de autobuses

El quiosco donde la abuela compra el periódico.

El abuelo dice que la numeración de las calles es lógica, pero para mí un 4 después de un 2 es demasiado lío. Hay que recordar qué números son pares y qué números son impares.

En algunos lugares del mundo no numeran las calles y hay que guiarse por puntos de referencia en los alrededores.

CALLE DE CORREOS

Oficina de correos

Mercadillo

CALLE CORTA

⑧

Esta urbanización está vallada y siempre hay problemas cuando la pelota se va al otro lado...

CALLE DE LOS HERREROS

CALLE DE LA FUENTE

CALLE DE BLANCANIEVES

Estación depuradora

Hospital

El mejor kebab

Teatro

JUZGADOS

HOSPITAL

CALLE DEL HOSPITAL

Juzgado

GALERÍAS COMERCIALES

Tapa de alcantarilla

CALLE DE LA LIBERTAD

CALLE NUEVA

Centro comercial

El edificio más alto de nuestra ciudad. No es tan alto como los edificios de acero y vidrio que vi en la capital cuando fui a visitar a mi familia. Estos edificios se llaman «rascacielos». ¿Tendrá cosquillas el cielo?

6. URBANIZACIÓN DE CHALETS: a mucha gente le gusta tener una casa. En la ciudad hay cada vez menos espacio, por eso estas urbanizaciones suelen construirse en las afueras o incluso fuera de la ciudad. Sus habitantes tienen que coger a diario un medio de transporte para ir al trabajo o a la escuela y para hacer compras grandes. A menudo les toca esperar en un atasco.

7. MURALLA: protegía la ciudad. Eran custodiadas por los vigías, y las almenas en la parte superior ayudaban a defenderlas. Tenían pequeñas ventanas y torres.

8. BLOQUES DE PISOS: se construyeron para crear muchos pisos en una superficie reducida y mejorar así las condiciones de vida. Las casas de antes eran pequeñas, mal ventiladas y llenas de gente; además, no había instalaciones de saneamiento ni agua corriente. La aparición de los bloques hizo que no solo los más ricos pudieran permitirse tener un piso en propiedad. Un conjunto de bloques forma una urbanización, donde hay también tiendas, columpios y diferentes negocios de servicios.

9. AYUNTAMIENTO: lugar donde trabajan las autoridades de la ciudad.

¿CÓMO SE VIVÍA ANTES?

Las primeras casas burguesas empezaron a construirse en la Edad Media. Tenían varios pisos. Su aspecto y su tamaño dependían de cuánto dinero tenía y a qué se dedicaba su dueño. La casa de un comerciante era más vistosa que la de un artesano. A partir del siglo XIX, las casas burguesas se iban convirtiendo en casas de pisos de alquiler para hacer frente a la creciente demanda.

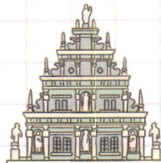   

PIÑÓN

Dependiendo de la época, tenía una forma diferente. Tenía ventanas.

¡No solo las piñas tienen piñones!

Algunas casas tenían en el piso superior un almacén. Abajo el comerciante vivía con su familia y tenía su tienda, y arriba guardaba sacos y cofres con los productos que vendía. A veces encima de las casas-almacenes había un sistema de poleas que servía para subir la mercancía o los muebles a los pisos superiores.

Algunas de las casas antiguas tienen fachadas preciosas, muy coloridas y con muchos adornos. ♡

FACHADA ANTERIOR

Habitaciones de plantas superiores

Es una ventanita encima de la puerta...

Montante

Despacho, oficina o taller

Entrada principal, siempre desde la calle

ZAGUÁN

Era un espacio importante, de bastante altura. A veces tenía un entresuelo.

PINTURAS EN PAREDES Y TECHOS

A veces decoraban el interior de los edificios de viviendas y servicios, como si fueran una iglesia. Se llamaban «policromías». Todavía hoy en día, cuando se restauran edificios históricos, se descubren policromías que durante la renovación desaparecieron bajo la capa de revoque. Estas pinturas no solo tienen valor artístico; también muestran cómo vestía y vivía la gente en aquella época.

¡Las de la ciudad polaca de Toruń son muy bonitas!

Puerta de acceso al patio o a la escalera

FACHADA POSTERIOR
con las ventanas que dan
al otro lado

Tenía que ser muy difícil vivir sin agua corriente. ¡Tenemos mucha suerte!

Dormitorios y habitaciones de plantas superiores

SALÓN
Los propietarios más ricos solían tener varios salones; por ejemplo, un salón de música o un salón de cartas.

SALÓN PRINCIPAL
Habitación importante para recibir visitas.

Las casas antiguas eran muy profundas: tenían bastante superficie, pero algunas habitaciones estaban a oscuras. La luz del sol llegaba solo desde las habitaciones contiguas, así que hacían falta candelabros con velas.

Comedor

Una cocina sin microondas... ¡¿Cómo hacían palomitas?!

FACHADA LATERAL
sin ventanas,
con la escalera o el patio

Sótano, debajo de todo el edificio

Cocina y despensa en la planta baja

PALACIOS Y TEMPLOS

Gran Mezquita, Malí, s. XX

Los abuelos conocen a sus amigos viajeros desde siempre.

Durante los viajes se pueden ver muchas construcciones interesantes, que son distintas en diferentes partes del mundo. ¡Los abuelos y sus amigos han visitado un montón de templos!

La Gran Mezquita se parece a un gran castillo de arena. ¡Mola!

Shitennō-ji, Japón, s. VI

El abuelo dice que una torre así se llama <u>pagoda</u>.

Templo del Loto, India, s. XX

Basílica de Nuestra Señora Aparecida, Brasil, s. XX

Esta catedral me gusta mucho, tiene tantos colores que se parece a un huevo de Pascua. Cuando sea arquitecta famosa, ¡todos mis edificios tendrán estampados así!

Catedral de San Basilio, Rusia, s. XVI

El abuelo es muy gracioso y a menudo hace muecas cuando posa para la foto. Aquí enseña los minaretes, es decir, estas finas torrecitas.

Mezquita Azul, Turquía, s. XVII

A veces, la abuela también hace el payaso cuando posa.

Angkor Wat, Camboya, s. XII

Catedral de Notre Dame, Francia, ss. XII-XIV, s. XIX

Palacio de Buckingham, Reino Unido, s. XVIII, ss. XIX-XX

Y aquí vivían los reyes en diferentes países.

Ciudad Prohibida, China, s. XV

Se llama Ciudad Prohibida, pero ahora no le prohíben la entrada a nadie y hay un montón de turistas.

Palacio Real de Mysore, India, ss. XIX-XX

Versalles me gustó mucho, estoy pensando si en vez de arquitecta, no será mejor ser reina de Francia.

Palacio de Topkapı, Turquía, s. XV

Castillo Himeji, Japón, originalmente s. XIV, la forma actual s. XVIII

Palacio de Versalles, Francia, ss. XVII-XVIII

Castillo de Wawel, Polonia, ss. XIII-XVIII

Palacio Ducal, Italia, s. XV

El abuelo dice que fue residencia de los dux, que no eran reyes, sino funcionarios importantes que gobernaban Venecia.

En 2019, la catedral sufrió grandes daños a causa de un incendio. Me puse muy triste porque me encanta la historia del jorobado de Notre Dame.

GRANDES CONSTRUCCIONES DE ANTES DEL SIGLO XX

El edificio más alto del mundo es dos veces y medio más alto que la torre Eiffel.

Casi tan alto como esta basílica es el árbol más alto del mundo, la secuoya roja llamada Hyperion.

Las pirámides de Egipto son tumbas de los faraones.

La torre Eiffel es mucho más alta que todas las construcciones de antes del siglo XX. ¡Al abuelo le ha faltado espacio para dibujarla!

Un emperador hizo construir el Taj Mahal para honrar la muerte de su esposa.

¡Un día iré a Nueva York (Estados Unidos) y veré esta estatua!

1. TORRE EIFFEL, París, Francia (construida en 2 años, terminada en 1889): 324 m.

2. GRAN PIRÁMIDE DE GUIZA, Guiza, Egipto (terminada alrededor del 2560 a. C.): actualmente unos 139 m (hace siglos, unos 147 m).

3. BASÍLICA DE SAN PEDRO, Roma, Italia (construida en 120 años, terminada en 1626): más de 133 m.

4. ESTATUA DE LA LIBERTAD, Nueva York, Estados Unidos (terminada en 1886): 93 m (incluida la base).

5. TAJ MAHAL, Agra, India (construido en 21 años; el mausoleo, terminado en 1648; todo el complejo, en 1653): 73 m.

6. COLOSO DE RODAS, antigua Grecia (probablemente fue construido entre el 292 y el 280 a. C.): unos 32 m (y con la base, más). Ya no existe. Hace mucho tiempo fue destruido por un terremoto. Pero está bien conocerlo porque pertenecía a las siete maravillas del mundo antiguo, o sea, una lista de construcciones extraordinarias que debería visitar cada viajero de aquella época. Eran siete y la única que sigue en pie es la Gran Pirámide de Guiza. Las demás las conocemos por libros antiguos. Después, la lista se ha actualizado con construcciones que existen actualmente. Entre las maravillas modernas está el Taj Mahal.

GRANDES CONSTRUCCIONES DE LOS SIGLOS XX Y XXI

La montaña más alta del mundo, el _monte Everest_, es más de diez veces más alta que el edificio más alto.

El _Golden Gate_ es bastante corto, pero en el mundo hay muchos puentes largos. El puente del Gran Belt de Dinamarca tiene 18 kilómetros, y el puente Hong Kong–Zhuhai-Macao de China, 55 kilómetros.

En España, el edificio más alto es la Torre de Cristal, de 249 metros. El abuelo dice que están construyendo algo todavía más alto...

La están haciendo más y más alta, añadiendo nuevos pedestales... _Pensaba que las estatuas no crecen._

Son torres gemelas unidas por un puente.

1. BURJ KHALIFA, Dubái, Emiratos Árabes Unidos (construido en 5 años, terminado en 2009): 828 m (con la antena, 830 m).

2. TAIPÉI 101, Taipéi, Taiwán (construido en 5 años, terminado en 2004): más de 509 m junto con la aguja.

3. TORRES PETRONAS, Kuala Lumpur, Malasia (construidas en más de 3 años, terminadas en 1996): 452 m.

4. EMPIRE STATE BUILDING, Nueva York, Estados Unidos (construido en más de un año, terminado en 1931: 381 m (con la antena, 448 m).

5. TORRE DE TELEVISIÓN DE BERLÍN, Alemania (construida en 4 años, terminada en 1969): 368 m.

6. EL PUENTE GOLDEN GATE, San Francisco, Estados Unidos (construido en 4 años, terminado en 1937): 227 m de altura desde el nivel de agua hasta la cima del pilón, más de 2700 m de longitud.

7. BUDA DEL TEMPLO DE PRIMAVERA, Lushan, China (terminado en 2008): 208 m (incluida la base, antes 128 m).

TEATROS

De todos los monumentos que visitamos durante las últimas vacaciones, el que más me gustó fue un teatro. El guía nos enseñó varios escondrijos y pasadizos ocultos. Me sentí como en una película de espías...

TEATRO VISTO DESDE ARRIBA
1. Camerinos, almacenes de decorados y vestuario 2. Escenario 3. Telón 4. Hombros 5. Foso de orquesta 6. Sala 7. Foyer 8. Galerías

Nosotros visitamos un teatro muy antiguo, pero hoy en día se construyen teatros muy futuristas.

Ópera de Sídney, Australia
Arquitecto: Jørn Utzon

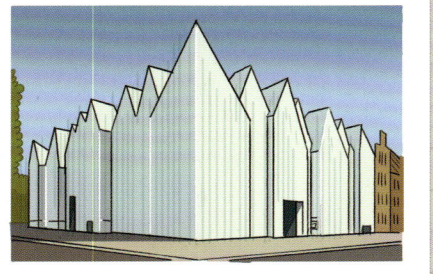

Filarmónica de Szczecin, Polonia
Arquitectos: Fabrizio Barozzi, Alberto Veiga

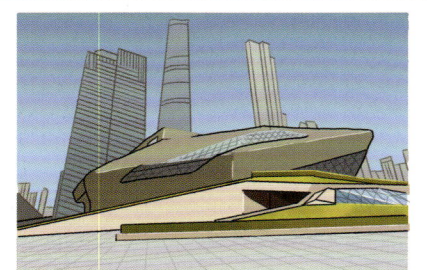

Ópera de Cantón, China
Arquitecta: Zaha Hadid

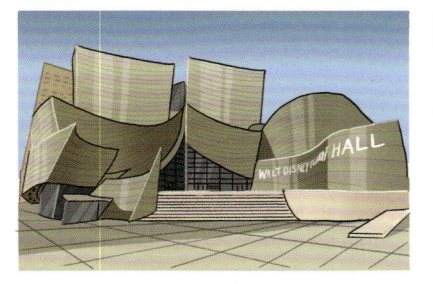

Walt Disney Concert Hall, Estados Unidos
Arquitecto: Frank Gehry

Durante la función cambia la iluminación: puede imitar diferentes momentos del día y crear ambiente. Las luces se apagan para cambiar el decorado y hacer las cosas que el público no debería ver.

GALERÍAS
Permiten ver el espectáculo desde arriba. Las que están cerradas y tienen unos pocos asientos se llaman «palcos».

La galería más alta, de asientos más baratos, se llama «gallinero».

El abuelo dice que la persona que indica los asientos se llama «acomodador».

Fachada

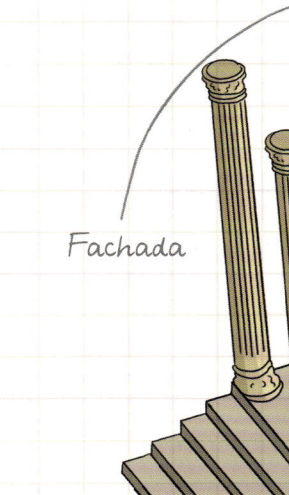

SALA
Suele ser semicircular. Cada fila está un poco más elevada que la anterior, para que no nos moleste la gente que está sentada delante. No es verdad que los asientos de la primera fila sean los mejores, porque están demasiado cerca y no se ve todo. Los asientos en mitad de la fila son mejores que los laterales, porque permiten ver bien todo el escenario.

Para los niños hay cojines, para que los adultos no les tapen la visión.

FOYER
Aquí el público está esperando el comienzo de la función.

11

Teatro Massimo de Palermo: estuvimos allí con toda la familia. Es un teatro enorme y muy bonito. Delante crecen palmeras y el tío Andrés intentó subirse a una de ellas.

CAMERINOS

Aquí se preparan los artistas. Se visten y se cambian de vestuario durante la función, aunque a veces tienen poco tiempo y tienen que cambiarse detrás de los bastidores.

Telón

¡Están llenos de verdaderos tesoros! El guía nos dijo que algunos teatros alquilan el vestuario.

TALLERES Y ALMACENES DE DECORADOS Y VESTUARIO

Aquí se preparan los elementos del decorado y el vestuario, y se almacenan todos los decorados de las funciones.

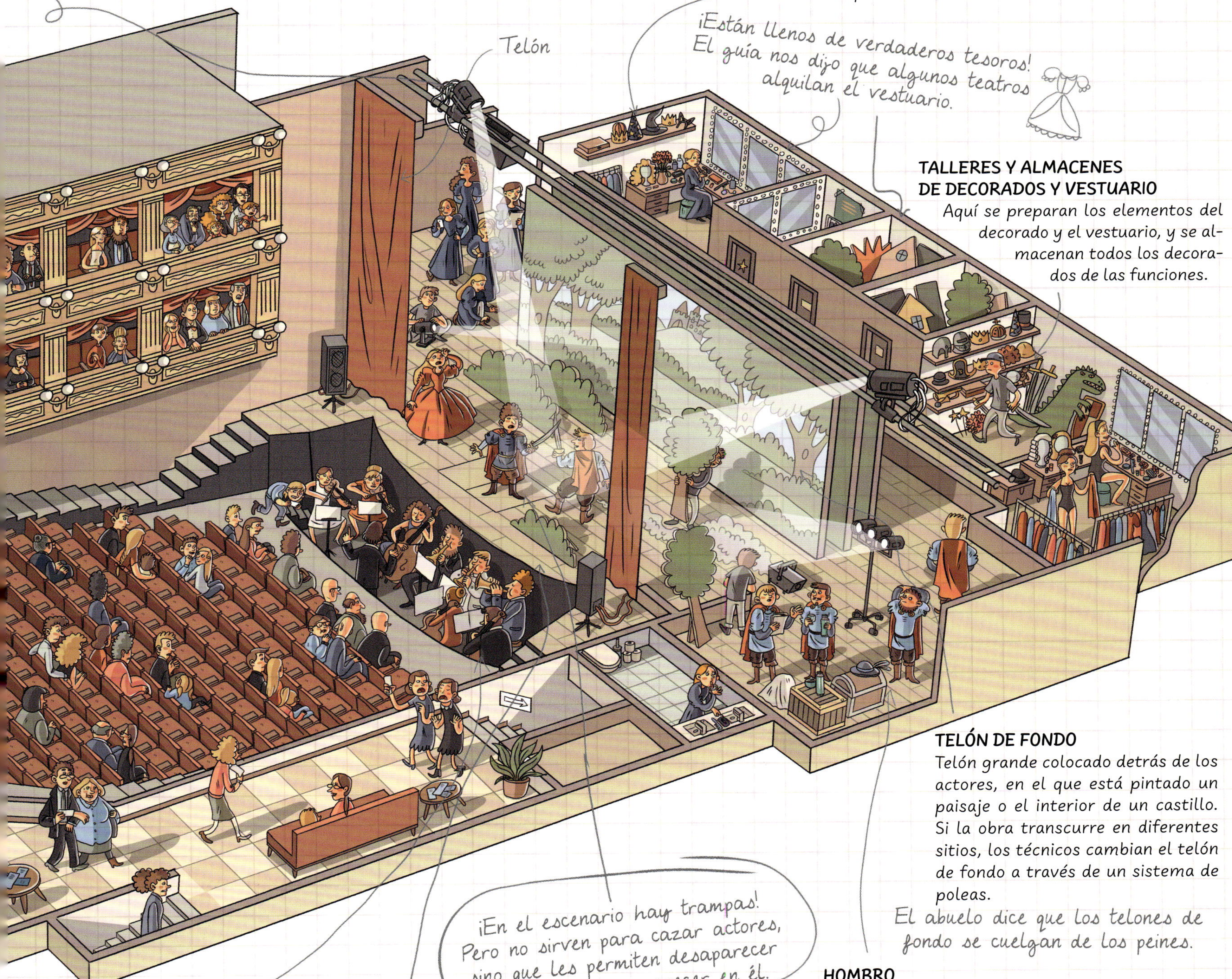

¡En el escenario hay trampas! Pero no sirven para cazar actores, sino que les permiten desaparecer del escenario o aparecer en él.

TELÓN DE FONDO

Telón grande colocado detrás de los actores, en el que está pintado un paisaje o el interior de un castillo. Si la obra transcurre en diferentes sitios, los técnicos cambian el telón de fondo a través de un sistema de poleas.

El abuelo dice que los telones de fondo se cuelgan de los peines.

HOMBRO

Son espacios grandes que el público no ve donde se guardan los decorados.

En los hombros los actores esperan, ocultos al público, para salir al escenario. Aquí se cambian de vestuario si no tienen tiempo de hacerlo en el camerino.

FOSO DE ORQUESTA

Se encuentra por debajo del escenario y de las butacas. Aquí cabe toda la orquesta con el director.

El nombre es confuso, porque es un foso que no tiene agua...

ESCENARIO

Aquí se desarrolla el espectáculo. Tiene muchos mecanismos ocultos para cambiar el decorado y proyectar efectos audiovisuales; por ejemplo, truenos y relámpagos. El escenario puede rotar o moverse.

PROFESIONES DE LAS CONSTRUCCIONES

ARQUITECTO

Diseña las construcciones —casas, puentes, torres— y supervisa la ejecución de los proyectos. Para ser arquitecto, hay que acabar una carrera especial y conseguir la licencia exigida en el país donde se quiere trabajar. Un arquitecto tiene que saber de muchos temas para poder coordinar a diferentes técnicos. Es una profesión de mucha responsabilidad, porque las construcciones tienen que ser seguras y resistentes. Al hacer un diseño, hay que tener en cuenta la forma del terreno, la arquitectura local, las condiciones naturales, las expectativas del cliente y la comodidad de todos los habitantes de la zona.

CONSERVADOR-RESTAURADOR

Algunas construcciones pueden ser clasificadas como monumentos, es decir, bienes importantes que proceden de tiempos antiguos o que tienen valor histórico debido a las funciones que cumplían. Los monumentos no se pueden derrumbar y cada intervención requiere un permiso especial. Los permisos los otorga el conservador-restaurador, quien también restaura y conserva los monumentos. Tiene que saber mucho de historia y de historia del arte. Existen varias instituciones que protegen los monumentos; por ejemplo, la UNESCO.

URBANISTA

Planifica las ciudades teniendo en cuenta el bienestar de los habitantes. Además, es responsable del desarrollo urbano, de la construcción de edificios modernos entre las construcciones antiguas y de la revitalización de zonas deterioradas, como, por ejemplo, terrenos posindustriales. Colabora con diferentes especialistas.

AGENTE INMOBILIARIO

Media entre el propietario y el cliente en transacciones inmobiliarias de compraventa y alquiler. Cuando alguien busca una casa, el agente le enseña diferentes inmuebles y le asesora para que elija el que más le convenga.

DISEÑADOR DE INTERIORES

Lo contratamos cuando queremos decorar un piso, una oficina o un hotel. Nos ayudará en todo, desde elegir el color de las paredes y los acabados hasta organizar el espacio. Si tenemos un piso pequeño, brindará soluciones para que nos quepa todo. Tiene que saber qué necesita el cliente y conocer las tendencias de moda.

OBRERO DE LA CONSTRUCCIÓN

En la obra trabajan muchas personas. Tienen diferentes especializaciones y se encargan de etapas concretas de la construcción. Un especialista pone los cimientos, otro monta la instalación eléctrica. Los que trabajan en altura deben tener una buena vista. El trabajo físico requiere fuerza y buena forma. Los técnicos de obra son muy importantes: por muy bueno que sea el diseño, no valdrá para nada si el albañil no pone las paredes rectas.

PERSONAS INSPIRADORAS

ZAHA HADID (1950-2016)

Nació en Bagdad, en Irak. Antes de estudiar Arquitectura, terminó la carrera de Matemáticas. Es considerada uno de los personajes más importantes de la arquitectura contemporánea. Sus edificios se distinguen por sus formas, que desafían la geometría, como si pertenecieran a una ciudad del futuro. Fue la única mujer que ganó el premio más importante de arquitectura, llamado Pritzker. Diseñó, entre otros, la pista de saltos de esquí de Innsbruck, el edificio de ópera de Cantón y el estadio de fútbol de Al Wakrah, que fue una de las sedes del Mundial de Fútbol de Catar.

ANTONI GAUDÍ (1852-1926)

Arquitecto catalán vinculado a Barcelona, donde creaba sus extraordinarios proyectos, originales en cuanto a forma, textura y color, como la Casa Batlló, con decoraciones en forma de escamas y huesos, o la Casa Milà, cuya fachada imita el oleaje marino. Su obra más famosa es la Sagrada Familia. Le ofrecieron acabar el proyecto empezado por un compañero, pero lo desarrolló tanto que murió antes de finalizar las obras, que aún no han terminado. Sus edificios parecen sacados de un cuento. Se inspiraba en la naturaleza y en su increíble imaginación. Hoy se lo considera un visionario, y la Sagrada Familia se ha convertido en el símbolo de Barcelona.

HALINA SKIBNIEWSKA (1921-2011)

Estudió Arquitectura en la Politécnica de Varsovia, donde después dio clases como profesora. Su especialidad era la arquitectura residencial. Diseñó urbanizaciones en Poznań y Varsovia, intentando preservar los árboles que crecían en las fincas. Para diseñar bien los parques infantiles, pedía consejo a los niños. Diseñó pisos accesibles para las personas de movilidad reducida, aunque en la Polonia de aquella época nadie se preocupaba por este problema. Sus casas eran muy diferentes de los grandes bloques que se construían por todas partes: bajas y hechas de piedra. Fue la primera mujer presidenta de la cámara baja del Parlamento polaco, y durante muchos años fue diputada.

KAZIMIERZ KWIATKOWSKI (1944-1997)

Arquitecto y conservador-renovador polaco, conocido más en Vietnam que en Polonia. Ayudó en la conservación de muchos monumentos vietnamitas que ahora atraen a miles de turistas. Después de acabar la carrera, trabajó en Lublin, pero a finales de los años setenta viajó a Asia gracias a un convenio para la renovación del patrimonio histórico entre Polonia y Vietnam. Vietnam estaba destruido a causa de la guerra y las autoridades pidieron ayuda a la comunidad internacional. En muchos sitios, antes de empezar los trabajos, había que eliminar las minas. Gracias a Kwiatkowski se han podido conservar la Ciudad Imperial de Hué, el casco histórico de Hôi An (donde le erigieron una estatua) y el santuario de My Son.

IEOH MING PEI (1917-2019)

Arquitecto estadounidense de origen chino. Nació en Cantón, se crio en Hong Kong y Shanghái, y se fue a estudiar a Estados Unidos. Diseñó varias decenas de edificios en todo el mundo, muchos de ellos recibieron diferentes premios, e incluso ganó el Pritzker. Sus obras más famosas son la pirámide de vidrio del Museo del Louvre de París (Francia), el Museo de Arte Islámico de Doha (Catar) y el Salón de la Fama del Rock and Roll de Cleveland (EE. UU.). El proyecto de la pirámide fue bastante controvertido. Algunos decían que una construcción moderna de vidrio desentona con el entorno histórico, y a los franceses no les gustó que se encargara el diseño a un extranjero. Pero hoy la pirámide es el símbolo del Louvre.

CÓMO FUNCIONAN LAS CONSTRUCCIONES

Primera edición: febrero, 2025

Título original: *Jak to działa? Budowle*
© *Copyright* del texto de Wydawnictwo "Nasza Księgarnia", 2019
© *Copyright* de las ilustraciones de Nikola Kucharska
© Textos de Joanna Kończak, Katarzyna Piętka
© Traducción del polaco: Joanna Ostrowska
Publicado gracias al acuerdo con Wydawnictwo Nasza Księgarnia Sp. z o.o.

En el mundo hay muchas construcciones interesantes. Hoy en día es más fácil viajar para visitarlas. Sin embargo, hay que respetar las costumbres de cada lugar y la privacidad de sus habitantes. No hagamos fotos sin pedir permiso y no entremos donde no se puede.

© Editorial el Pirata, 2025
Sabadell (Barcelona)
info@editorialelpirata.com
editorialelpirata.com

Con el apoyo de

 Generalitat de Catalunya. Departament de Cultura  Institut Català de les Empreses Culturals

Todos los derechos reservados.
ISBN: 978-84-19898-34-0
Depósito legal: B 2353-2024
Impreso en China

Síguenos en
@editorial_elpirata

FSC
www.fsc.org
100%
Procedente de bosques bien gestionados
FSC® C152346